To. 참 소중한

_____ 에게

이 책을 선물합니다.

From. _____

TELETUBBIES and all related titles,
logos and characters are trademarks of DHX Worldwide Limited.
© 2018 DHX Worldwide Limited. All Rights Reserved.

이 책의 한국어판 저작권은 ㈜SMG HOLDINGS를 통해
DHX Worldwide Limited와의 계약으로 ㈜알에이치코리아에 있습니다.
저작권법에 의하여 한국 내에서 보호를 받는 저작물이므로 무단전재와 무단복제를 금합니다.

3~7세 아이가 좋아하는
텔레토비 영어 놀이

텔레토비 원작
Aran Kim 글

프롤로그

아이의 영어 공부, 마음대로 되지 않을 때가 있습니다. 아이가 스스로 영어책을 자꾸 펴본다면, 그것만큼 흐뭇한 모습이 있을까요?

무엇보다 아이의 영어 공부는 배움의 과정이 신나고 즐거워야 합니다. 몇 년 전 패밀리 레스토랑 옆 테이블에서 보았던 한 장면이 문득 생각납니다. 엄마가 어린 두 아이를 데리고 음식 주문을 하고 있었습니다. 엄마는 "뭐 먹을래, 이거 좋니?" "What do you want to have? Do you like this?"를 영어로 계속 묻는데, 두 아이는 전혀 흥미가 없습니다. 아이는 이제 말이 아니라 손가락으로 메뉴를 찍어서 보여주고 말은 하지 않습니다. 두 아이는 이 상황이 즐겁지 않고, 화도 나 있는 것 같습니다.

안타까운 것은 엄마도 영어가 능숙해서가 아니라, 영어를 공부시키고 싶은 마음에 외운 영어로 수줍게 식사 내내 묻고 있었습니다. 두 꼬마는 여전히 별로 말이 없습니다. 아마도 그 장면은 집에서나 밖에서도 반복되었을 것 같아요.

아이들에게 영어를 가르치면서 현장에서도 느끼지만, 아이의 영어는 배우는 과정이 매우 즐거워야 해요. 그래야 신이 나서 먼저 말하고 계속 더 보고 듣고 싶게 됩니다. 이 책은 엄마와 아이가 교감하면서 즐겁게 영어를 놀이로써 배우는 것을 가장 마음에 두고 구성했습니다.

텔레토비는 아이의 상상력과 다양한 활동을 통해 유아의 언어능력을 키우도록 BBC가 제작한 유아용 TV 프로그램입니다. BBC가 1997년 처음 제작해 방송한 뒤, 세계 여러 나라 어린이에게 큰 인기를 얻었습니다. 한국에서도, 첫 방송 이후 20여 년만인 2018년에 다시 TV에서 보게 되었습니다. 보라돌이, 뚜비, 나나, 뽀의 네 명의 귀여운 캐릭터와 율동, 상상력이 풍부한 일상을 통해 아이의 눈높이에서 생각하고 언어를 재미있는 놀이로써 자연스럽게 배울 수 있을 것입니다.

이 책은 텔레토비 프로그램의 장점을 잘 살리도록 만들어져 있습니다. 어른의 눈이 아니라 아이의 눈으로 사물을 보고 느끼고, 아이의 놀이와 일상을 영어로 반복해서 말하도록 구성했습니다. 아이가 좋아하는 텔레토비의 장면을 보고 '아, TV에서 본 텔레토비의 대사가 영어로 이거구나.' 같이 춤추거나 동작을 흉내 내면서 텔레토비 친구들과 영어를 익히게 됩니다.

제가 좋아하는 표현 중에 'stand the test of time'이 있습니다. '오랜 시간의 검증을 견뎌내다'라는 뜻인데요. 인터넷이 없었던 오래 전에 누군가의 손글씨로 썼던 글, 간만에 듣는 '양들은 한가로이 풀을 뜯고'의 바흐 칸타타나 영국 유학시절 벼룩시장에서 산 연필 낙서가 되어 있던 옛 원서 같은 것들입니다. 그것들은 모두 시간의 검증을 버티고 풍부한 콘텐츠의 힘으로 살아남아 지금껏 많은 사랑을 받고 있습니다. 20년 전 TV에서 텔레토비 모습이 신기해서 봤었고, 지금 이 책을 쓰기 위해 다시 보면서, '반복해서 계속 봐도 재미있는데?'를 새삼 느낍니다.

이번에 텔레토비 친구들을 다시 만나 이 책을 출간하게 되어 저도 정말 반갑습니다. 아이의 끝없는 상상력, 아이의 하루 일상, 엄마와의 교감, 그리고 여기에 '텔레토비와 영어 공부'라는 재미있는 놀이가 있음을 엄마와 아이에게 이 책이 선사하리라 생각합니다. 감사합니다.

Aran Kim

Teletubbies

CONTENTS

Chapter 1

**사랑을
듬뿍 표현하는 내 아이**

01   우리 인사해. 안녕 텔레토비!
       Let's say hello! Hi, Teletubbies! _ 14

02   엄마, 꼬옥 안아 줄게요!
       Mom, Big hug! _ 18

03   우리 같이 춤춰요!
       Let's dance together! _ 22

04   뽀는 텔레토비 친구들을 사랑해요!
       Po loves Tinky Winky, Dipsy and
       Laa-Laa! _ 26

05   팅키윙키(보라돌이)는 정말 노래를 잘해요!
       Tinky Winky is really good at singing! _ 30

06   뽀가 가장 작아요!
       Po is the shortest! _ 34

Chapter 2

일상의 소중함과 지혜를 알아가요

- 07 토스트 굽기! 때를 기다려요
  Making toast! Wait for the right time. _ 40
- 08 텔레토비와 파티를 해요!
  I'm having a party with the Teletubbies! _ 44
- 09 텔레토비동산에서 아침 먹을 시간이에요
  In Teletubbyland, It's time for breakfast. _ 48
- 10 뽀는 토비 토스트를 먹고 싶어해
  Po wants some Tubby Toast. _ 52
- 11 스트레칭! 높이 몸을 쭈욱 펴세요
  Stretching! Stretch up high! _ 56
- 12 이제 내 차례에요!
  Now, It's my turn! _ 60
- 13 손을 씻어요
  I wash my hands. _ 64

Chapter 3

세상 모든 것에 호기심 가득한 내 아이

- 14 저길 봐요! 무엇이죠?
  Look over there! What's that? _ 70
- 15 뽀가 하늘에서 뭔가를 봤어요
  Po saw something in the sky. _ 74
- 16 나나가 오렌지 비행기를 찾았어요!
  Laa-Laa found a rainbow! _ 78
- 17 핑크색은 어떻게 만들까?
  How can I make pink? _ 82
- 18 뽀가 마법 물뿌리개를 가지고 있어
  Po has a magic watering can. _ 86

Chapter 4

**놀이의 기쁨과
행복감에 푹 빠졌죠!**

19 야호! 재미있는 시간이다!
    Yay! Time for fun!_ 92

20 텔레토비동산에 전화벨이 울려요!
    The phone rings in Teletubbyland!_ 96

21 보라색은 멋져! 그렇죠?
    Purple is a great color, isn't it?_ 100

22 숨바꼭질 하고 싶은 사람?
    Who wants to play Hide and Seek?_ 104

23 내가 좋아하는 물건이에요!
    It's my favorite thing!_ 108

24 우리는 비눗방울 파티 중!
    We are at a bubble party._ 112

25 빨간 풍선이 있어요!
    There are red balloons!_ 116

26 난 춤추는 게 좋아요
    I love dancing._ 120

27 그래서 누누가 청소했어요!
    So Noo-Noo cleaned up!_ 124

Chapter 5

하늘, 바람, 비, 자연 속에서 무럭무럭 자라요!

28 뽀가 꽃밭에 물을 줍니다
    Po is watering a flower garden! _ 130

29 물웅덩이에서 뛰기는 정말 재미있어요!
    Jumping in puddles is so fun! _ 134

30 우리는 토비 커스터드 기차를 타요
    We're going on the Tubby Custard Ride _ 138

31 새들은 날아요!
    The birds are flying! _ 142

32 텔레토비와 별을 봅니다
    We watch stars with the Teletubbies. _ 146

Chapter 1

Teletubbies

{ 영국 BBC 방송에서는 텔레토비 친구들 이름을 팅키윙키(Tinky Winky), 딥시(Dipsy), 포(Po), 라라(Laa-Laa)로 불러요. 우리나라 방송에서는 보라돌이, 뚜비, 뽀, 나나로 부르죠. 이 책에서는, 영어는 BBC 방송 이름 그대로를 표기했고, 한글로는 팅키윙키(보라돌이), 딥시(뚜비), 뽀, 나나로 표기했습니다. }

사랑을
듬뿍 표현하는 내 아이

우리 인사해.
안녕 텔레토비!

Let's say hello.
Hi, Teletubbies!

Let's say hello! Hi, Teletubbies!
Tinky Winky says hello to Dipsy.
Dipsy says hello to Laa-Laa.
Laa-Laa says hello to Po.
Hi! Tinky Winky, Dipsy,
Laa-Laa, and Po!

우리 인사해. 안녕, 텔레토비!
팅키윙키(보라돌이)가 딥시(뚜비)에게 인사해요.
딥시(뚜비)가 나나에게 인사해요.
나나가 뽀에게 인사해요.
안녕! 팅키윙키(보라돌이), 딥시(뚜비),
나나 그리고 뽀!

엄마랑 아이랑
Talk! Talk!

Let's say hello to your toys.
Hi, Teddy bear!

네 장난감에게 인사하자.
안녕, 곰돌아!

Mom	**Here are some toys.** 여기 장난감들이 있네.
Child	**Let's say hello to my toys.** 장난감에게 같이 인사해요.
Mom	**What's the name of your Teddy bear?** 이 곰돌이 인형의 이름은 뭐니?
Child	**It's Bung-Bung-Yi.** 붕붕이에요.
Mom	**Hi, Bung-Bung-Yi!** 안녕, 붕붕아!

 엄마의 표현

아이가 매일 곁에 두고 이야기하는 장난감 친구들과 영어인사를 해보세요.
아직 이름이 없다면, 아이랑 물건을 펼쳐놓고 영어 이름 지어주기 놀이를 해요.
"이 인형한테 이름 지어줄까?" "Let's name this doll" 혹은
"Why don't we name this doll?"라고 말해요.

엄마, 꼬옥 안아 줄게요!

Mom, Big hug!

Mom, Big hug!
Really Big hug!
Everybody, Big hug!
Mom, I'll give you a big hug!
Dad, I'll give you a big hug!

엄마, 큰 포옹!
진짜 큰 포옹!
모두들, 꼬옥 안아요!
엄마, 내가 꼬옥 안아줄게요.
아빠, 내가 꼬옥 안아줄게요.

Come here, Sweetie.
I'll give you a big hug.

이리 와, 우리 아가.
엄마가 꼬옥 안아줄게.

Mom	**Do you know the Teletubbies' greeting?** 텔레토비 인사법 알고 있어?
Child	**Sure! Big hug!** 물론이죠. 큰 포옹!
Mom	**Come here, Sweetie.** 이리 와, 우리 아이.
	I'll give you a Big hug. 엄마가 꼬옥 안아줄게.
Child	**I love you! Mom, Big hug!** 엄마 사랑해요! 큰 포옹!

 엄마의 표현

어릴 적 엄마랑 포옹한 느낌과 체온은 어른이 되어서도 기억이 난답니다. 아이가 내 품에 쏘옥 들어올 때 꼭 안아주세요. *"Big Hug!"*

Let's dance together!
The Teletubbies are dancing.
Slow dancing~
And fast dancing!
Funny dancing!

우리 같이 춤춰요!
텔레토비 친구들이 춤춰요.
느린 춤~
그리고 빠른 춤!
웃긴 춤!

엄마랑 아이랑
Talk! Talk!

What a great dancer!
You are good at dancing.

정말 잘 추는구나!
우리 아이 춤 잘 추네!

Child	Mom, Do you know the Teletubbies dance? 엄마, 텔레토비 춤 알아요?
Mom	No, I don't know. 아니, 몰라.
Child	Let me show you. 제가 보여드릴게요.
Mom	What a great dancer! 정말 잘 추는구나! You are good at dancing. 우리 아이 춤 잘 추네!

• be good at~ : ~을 잘하다.

 엄마의 표현

아이들은 몸짓과 춤으로 감정을 표현하는 천재들입니다. 아이가 신나게 춤출 때 엄마가 같이 호응해주세요. "정말 멋지게 춤추네!" "You are a great dancer!"

뽀는
텔레토비 친구들을 사랑해요!

Po loves Tinky Winky, Dipsy and Laa-Laa!

Po loves Tinky Winky, Dipsy and Laa-Laa!
The Teletubbies love each other very much.
Most of all, they love Big Hugs!

뽀는 팅키윙키(보라돌이), 딥시(뚜비) 그리고 나나를 사랑해요.
텔레토비는 서로를 아주 많이 사랑해요.
무엇보다, 그들은 큰 포옹을 좋아해요.

I love you the most in the world.

너를 이 세상에서 가장 사랑해.

Child	**Mom, Who do you like the most?** 엄마, 엄마는 누구를 가장 좋아해요?
Mom	**I love you the most in the world.** 엄마는 이 세상에서 너를 가장 사랑해.
Child	**Mom?** 엄마?
Mom	**Yeah?** 응?
Child	**I love you the most in the universe, Mom.** 난 이 우주에서 엄마를 가장 사랑해요, 엄마.

 엄마의 표현

"사랑해요"는 가족 사이 말하기가 오히려 쑥스러워요. 애정을 듬뿍 담아 영어로 표현해보세요. "엄마는 너를 정말 사랑해!" *I love you so much!*

팅키윙키(보라돌이)는
정말 노래를 잘해요!

Tinky Winky is really good at singing!

Tinky Winky is really good at singing!
What a great singer he is!
Po and Laa-Laa do love
Tinky Winky's songs!
Dipsy loves Tinky Winky's songs too!

팅키윙키(보라돌이)는 정말 노래를 잘해요!
그는 훌륭한 가수!
뽀와 나나는 팅키윙키(보라돌이)
노래를 매우 좋아해요.
딥시(뚜비)도 팅키윙키(보라돌이)
노래를 매우 좋아해요.

엄마랑 아이랑
Talk! Talk!

You are the best painter in the world!
너는 세상에서 최고의 화가야!

Mom	**What are you doing, sweetie?** 얘야, 뭐하고 있니?
Child	**I am drawing your face.** 엄마 얼굴을 그리고 있어요.
Mom	**Wow, It looks just like me.** 와우, 정말 나랑 똑같구나. **You are the best painter in the world!** 너는 세상에서 최고의 화가야!

 엄마의 표현

이 말처럼 아이 마음을 건강하고 뿌듯하게 하는 표현이 있을까요?
"엄마는 네가 최고야!" "You are the greatest!"

뽀가 가장 작아요!

Po is the shortest!

Let's take a picture!
Who is the shortest?
Po is the shortest!
Who is the tallest?
Tinky Winky is the tallest!
One, two, three … cheese!

우리 사진 찍어요!
누가 가장 작은가요?
뽀가 가장 작아요.
누가 가장 큰가요?
팅키윙키(보라돌이)가 가장 커요.
하나, 둘, 셋… 치즈!

You grew taller during the summer!

네가 여름 동안 키가 많이 컸구나.

Child   Mom, my pants are too small.
        엄마, 바지가 너무 작아요.

Mom   You grew taller during the summer!
        네가 여름에 많이 컸구나!

Child   Mom, I am the shortest among my friends.
        엄마, 나는 친구들 중 가장 작아요.

Mom   Don't worry. You are growing up.
        걱정 마. 너는 자라고 있잖아.

        Let's go shopping for new pants.
        새 바지를 사러 가자.

Child   Yay! That sounds great!
        야호! 좋아요!

 엄마의 표현

아이와 작은 선물을 주고받을 때, 엄마의 흐뭇한 마음을 이야기해보세요. 선물의 기쁨이 배가 되겠지요. "네가 좋아하니깐 엄마도 기뻐." "I am glad you like it!"

Chapter 2

Teletubbies

일상의 소중함과
지혜를 알아가요

토스트 굽기!
때를 기다려요

Making toast!
Wait for the right time.

Making toast! Wait for the right time.

The toast is nearly ready.

Wait for it!

One, two, three….

Yay! The Tubby Toast is ready!

토스트 굽기! 때를 기다려요.
토스트가 거의 되어가요.
기다려요!
하나, 둘, 셋….
야호! 토비 토스트가 되었어요!

You should wait for the right time.

때를 기다릴 줄 알아야 돼.

Child — **Mom, I want to eat toast.**
엄마, 토스트 먹고 싶어요.

Mom — **I'll make some toast for you.**
내가 만들어 줄게.

Child — **Is it done?**
다 됐어요?

Mom — **Not yet.**
아니 아직.

Child — **Mom, Is it done?**
엄마, 다 됐어요?

Mom — **You should wait for the right time.**
때를 기다릴 줄 알아야 돼, 애야.

• make a toast : 건배하다   • make toast : 토스트를 만들다.

 엄마의 표현

일상에서 필요한 작은 조언들을 영어로 해보세요. 차곡차곡 쌓이면 많은 영어 표현들과 지혜를 알게 돼요.

텔레토비와 파티를 해요!

I'm having a party
with the Teletubbies!

I'm having a party with the Teletubbies!
It's my birthday soon.
I'm going to invite the Teletubbies to my party!
Let's make a party invitation!
Please come to my birthday party.
We're going to have a party with the Teletubbies!

텔레토비와 파티를 해요!
이제 곧 내 생일이에요.
텔레토비를 내 파티에 초대할 거예요!
파티초대장을 같이 만들어요!
내 생일파티에 꼭 와주세요.
우리는 텔레토비랑 파티를 할 거에요!

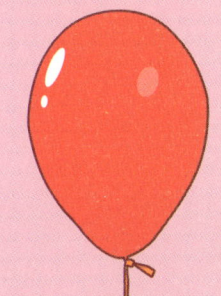

Blow out your candles and make a wish.

촛불을 불어 끄고 소원을 빌어봐.

Mom	**Happy birthday to you, Honey.** 생일 축하해, 우리 아가.
Child	**Yay! It's my favorite cake.** 야호! 내가 가장 좋아하는 케이크다.
Mom	**Blow out your candle and make a wish.** 촛불을 불어 끄고 소원을 빌어봐.
Child	**Thanks, Mom.** 고마워요, 엄마.

 엄마의 표현

생일 초를 불 때마다 소원을 빕니다. 아이랑 소원을 빌 때 이렇게 말해요. "함께 소원을 빌자" "Let's make a wish." "무슨 소원을 빌었니?" "What did you wish for?"

텔레토비동산에서
아침 먹을 시간이에요

In Teletubbyland,
It's time for breakfast.

In Teletubbyland, it's time for breakfast.
Tinky Winky loves Tubby Custard for breakfast.
Po loves some Tubby Toast for breakfast.
We have cereal with some milk.
Is it good?
Very yummy! I love breakfast time.

텔레토비동산에서 아침 식사 시간이에요!
팅키윙키(보라돌이)는 아침 식사로 토비 커스터드를 좋아해요.
뽀는 토비 토스트를 좋아해요.
우리는 우유와 함께 시리얼을 먹어요.
맛있니?
정말 맛있어요! 아침 식사 시간 정말 좋아요.

Is it good?

맛이 어때?

Mom	**Let's make pancakes.** 팬케이크를 만들자.
Child	**Yay! I can help you.** 야호! 내가 도와줄게요.
Mom	**Shape the dough into a ball.** 반죽을 공모양으로 만들어.
Child	**A pancake is done!** 팬케이크가 완성되었어요!
Mom	**Is it good?** 맛있니?
Child	**Yes! Yummy!** 네! 맛있어요!

 엄마의 표현

아이가 즐거운 식사를 할 때 물어보세요. "어떠니?" "Is it good?" 혹은 "How do you like it?" 이 표현은 다른 상황에서 아이의 의견을 물을 때도 사용할 수 있어요.

뽀는
토비 토스트를
먹고 싶어해

Po wants some Tubby Toast.

Po wants some Tubby Toast.
Tubby Custard?
No, Tubby Toast!
Tubby Custard or Tubby Toast?
She wants to eat Tubby Toast today.

뽀는 토비 토스트를 먹고 싶어해요.
토비 커스터드요?
아니요, 토비 토스트!
토비 커스터드 아니면 토비 토스트?
그녀는 토비 토스트가 먹고 싶어요.

엄마랑 아이랑
Talk! Talk!

What do you want to eat for dinner, sweetie?

저녁에 뭐 먹고 싶니?

Child   Mom, What's for dinner?
엄마, 저녁에 뭐 먹어요?

Mom   Well, What do you want to eat, sweetie?
글쎄, 뭘 먹고 싶니?

Child   I want some noodles.
난 국수가 먹고 싶어요.

Mom   How about spaghetti?
스파게티 어때?

Child   Sounds great!
좋아요!

 엄마의 표현

영어는 몇 번 반복하면 유창하고 자연스럽게 나와요. 아이가 무엇을 먹고 싶어 하는지 영어로 말해보세요. "점심은 무얼 먹고 싶니?" "What do you want to eat for lunch?"

스트레칭!
높이 몸을 쭈욱 펴세요
Stretching! Stretch up high!

Stretching! Stretch up high!
Bend down low.
Bend down very very low!
Stretch up very very high!
Dipsy is stretching up high!

스트레칭! 높이 몸을 쭉 펴세요!
몸을 아래로 굽혀요.
아주 아주 낮게 굽혀요.
아주 아주 높게 몸을 펴요.
딥시(뚜비)가 높게 몸을 펴고 있어요!

I like stretching, too.
Let's do it together.

엄마도 스트레칭 좋아해.
우리 같이 하자.

Child	**Mom, I know how to stretch.** 엄마, 나 스트레칭 하는 법 알아요.
Mom	**Oh! Where did you learn it?** 오! 어디서 배웠어?
Child	**I watched the Teletubbies!** 텔레토비에서 봤어요!
Mom	**I like stretching, too. Let's do it together.** 엄마도 스트레칭 좋아해. 우리 같이 하자.
Child	**First, Stretch your arms like this.** 먼저, 팔을 이렇게 펴세요.

 엄마의 표현

아이가 좋아하는 것들을 엄마도 같이 따라해보세요. "엄마도 풍선껌 부는 거 좋아해. 우리 같이 하자." "I like blowing a bubble. Let's do it together."

이제
내 차례에요!

Now, It's my turn!

Now, It's my turn!
We are playing in Teletubbyland.
It's my turn to play with Tiddlytubbies!
Now, It's Laa-Laa's turn!
She is playing with Tiddlytubbies.

이제 내 차례에요!
우리는 텔레토비동산에서 놀고 있어요.
내가 꼬미토비랑 놀 차례에요.
이제, 나나 차례에요.
그녀가 꼬미토비랑 놀고 있어요.

엄마랑 아이랑
Talk! Talk!

You are waiting in line.
How kind of you!

줄을 섰네. 정말 친절해요!

Mom There are so many people.
사람이 너무 많네.

Child Mom, Come this way.
엄마, 이리로 오세요.

Mom You are waiting in line.
네가 줄을 서는구나.

How kind of you!
정말 착해요!

 엄마의 표현

아이가 좋은 매너를 보일 때 칭찬해주세요. "정말 친절하구나" "How nice of you!" 혹은 "How kind of you!"

손을 씻어요

I wash my hands.

I wash my hands.
Wow, what a big mess.
I use soap and water.
We wash our hands.
My hands are clean again.
The Teletubbies wash their hands after playing.

나는 손을 씻어요.
와우, 지저분하다.
나는 비누와 물을 사용해요.
우리는 손을 씻어요.
손이 다시 깨끗해졌어요.
텔레토비는 놀고 난 후에 손을 씻어요.

엄마랑 아이랑
Talk! Talk!

Wash your hands.
I hope you grow up healthy!

손을 씻어.
엄마는 네가 건강하게 자라길 바라거든!

Child **Mom, I played with clay.**
엄마, 점토 가지고 놀았어요.

Mom **What did you make with the clay?**
점토로 뭘 만들었니?

Child **I made a big dragon!**
커다란 용을 만들었어요!

But my hands got dirty.
그런데 손이 더러워졌어요.

Mom **Wash your hands.**
손을 씻어.

I hope you grow up healthy!
네가 건강하게 자라길 바라거든!

 엄마의 표현

"손을 씻어"라고 말하기보다는 엄마의 작은 바람도 함께 영어로 말해요.
"난 네가 강하게 자라길 바란다." "I hope you grow up strong!"

Chapter 3

Teletubbies

세상 모든 것에
호기심 가득한 내 아이

저길 봐요! 무엇이죠?

Look over there! What's that?

Look over there! What's that?
It's a Magic windmill.
Look! What's this?
It's Teletubbyland.
Oh, Look at that! What is that?
It's a Voice Trumpet.

저길 봐요! 무엇이죠?
그건 바람개비야.
봐요! 이건 뭐죠?
그건 텔레토비동산이야.
오, 저걸 봐요! 저건 뭐죠?
그건 보이스 트럼펫이야.

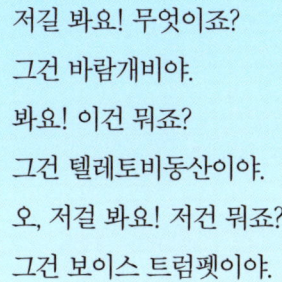

You are such a curious child! That's a good thing.

정말 호기심이 많구나!
좋은 일이야.

Child Mom, I ate a grape seed.
Is it growing in my tummy?
엄마, 포도씨를 먹었어요. 내 배 안에서 자랄까요?

Mom No, It isn't.
아니, 그렇지 않아.

Child Why?
왜요?

Mom The seed needs sunshine to grow.
씨앗은 자라기 위해서 햇볕이 필요해.

Child Why?
왜요?

Mom You are such a curious child!
That's a good thing.
정말 호기심이 많구나! 좋은 일이야.

• tummy: 배(어린이 말)

 **엄마의 표현**

아이가 끊임없이 엄마에게 묻는 "왜요?"가 귀찮을 때가 있지요? 하지만 아이가 엄마 옆에서 질문하던 때가 그리워질지 몰라요. 아이는 금새 자라거든요. 자주 아이에게 이렇게 말해주세요. "정말 호기심이 많구나!" "You are so curious!", "우리 같이 답을 찾아보자. "Let's find the answer."

뽀가 하늘에서
뭔가를 봤어요

Po saw something in the sky.

• loop the loop : 원을 그리며 날다

Po saw something in the sky.
What's that?
I don't know. What's that?
It is a shooting star!
The star looped the loop.
Look! I found it!

뽀가 하늘에서 뭔가를 봤어요.
저게 뭔가요?
모르겠어요. 그건 무엇일까요?
그것은 유성이에요!
별이 원을 그리며 날았어요.
보세요! 내가 발견했어요!

What do you see in the sky?

하늘에서 무엇이 보이니?

Mom **The sky is so clear!**
하늘이 청명하네!

Child **Mom, I love looking up at the sky.**
엄마, 난 하늘 보는 거 정말 좋아요.

Mom **What do you see in the sky?**
하늘에서 뭐가 보이니?

Child **I can see a cloud.**
구름 한 점이 보여요.

That cloud looks like a giraffe.
저 구름은 기린을 닮았어요.

 엄마의 표현

몸과 마음이 피곤하고 바쁘신가요? 우리 아이와 가끔 하늘을 보세요.
"하늘을 봐. 하늘이 푸르네" "Look at the sky. The sky is blue."

나나가 무지개를 찾았어요!

Laa-Laa found a rainbow!

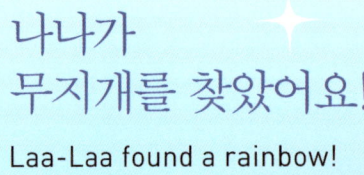

Laa-Laa found a rainbow!
There it is!
Look! I found it!
Up in the sky!
Laa-Laa found it!

What did you find in the sky today?
오늘은 하늘에서 무엇을 찾았니?

Mom	**What did you find in the sky today?** 오늘은 하늘에서 무엇을 찾았니?
Child	**Birds! They were flying in the sky.** 새들이요! 하늘을 나는 중이었어요.
Mom	**Where were the birds flying to?** 어디로 날아가는 중이었을까?
Child	**They were flying home.** 집으로 돌아가는 중이었어요.
Mom	**Oh, I see.** 오, 그렇구나.

 엄마의 표현

아이가 사물에 자신의 마음을 담아 이야기하도록 엄마가 종종 질문을 해주세요.
"왜 밤에 달이 밝을까?" "Why is the moon bright at night?"

핑크색은 어떻게 만들까?
How can I make pink?

How can I make pink?
Tubby Custard is pink.
Teletubbies love to have Tubby Custard!
Then, let's make pink.
Mix white and red together.
Let's do it again!

핑크색은 어떻게 만들까?
토비 커스터드는 핑크색이야.
텔레토비는 토비 커스터드를 정말 좋아해!
그럼 우리 핑크를 만들어요.
흰색과 빨강색을 섞어요.
다시 해봐요!

Pink reminds me of strawberries.

핑크는 딸기를 생각나게 해.

Child — Mom, Do you like pink?
엄마, 분홍색 좋아해요?

Mom — Yes, I do. Pink reminds me of strawberries.
응, 그래. 핑크는 딸기를 생각나게 해.

Child — Me, too. I love pink cotton candies.
저도요. 전 핑크색 솜사탕을 좋아해요.

Mom — In some countries, they have pink snow.
어떤 나라에서는 핑크색 눈이 온대.

Child — Really? Where?
정말이요? 어디서요?

Mom — Let's try and find out.
우리 한 번 찾아보자.

- remind me of ~ : 나에게 ~생각나게 해.

 엄마의 표현

아이랑 인터넷을 검색할 때 "Let's surf the Internet"이라고 해보세요. 인터넷 바다에서 '파도타기 하다'라는 뜻으로 '인터넷을 검색하다'는 'surf the internet'이라고 해요.

뽀가
마법 물뿌리개를
가지고 있어

Po has a magic watering can.

Wow, Po has a magic watering can.
Po waters the flowers with the watering can.
Po waters Tinky Winky's Bag.
Po waters Dipsy's Hat.
Po waters Laa-Laa's Ball.

와우, 뽀가 마법 물뿌리개를 가지고 있어요.
뽀는 물뿌리개로 꽃에 물을 줘요.
뽀가 팅키윙키(보라돌이)의 가방에 물을 줘요.
뽀가 딥시(뚜비)의 모자에 물을 줘요.
뽀가 나나의 공에 물을 줘요.

So, what happened to Laa-Laa's ball?
그래서 나나의 공은 어떻게 되었니?

Child	Po watered Laa-Laa's ball. 뽀가 나나의 공에 물을 줬어요.
Mom	So, what happened to Laa-Laa's ball? 그래서 나나의 공은 어떻게 되었니?
Child	I don't know. 몰라요.
Mom	Was the ball wet? 공이 물에 젖었니?
Child	Mom, It was a magic watering can! 엄마, 그건 마법 물뿌리개잖아요!

 엄마의 표현

아이가 보는 것, 듣는 것에 엄마의 관심을 보여주는 질문을 해보세요.
"어머, 그 다음엔 어떻게 되었어?" "Oh! What happened next?"

Chapter 4

Teletubbies

놀이의 기쁨과
행복감에 푹 빠졌죠!

야호! 재미있는 시간이다!

Yay! Time for fun!

Yay! Time for fun!
Time for Teletubbies!
I am very excited!
Mom, Time for dancing!
Time for my song!

야호! 재미있는 시간이에요!
텔레토비 시간이에요!
난 너무 신나요!
엄마, 춤출 시간이에요!
내가 노래할 시간이에요!

You look very excited!

너 정말 신나 보여!

Child It's time for fun!
즐거운 시간이에요.

Mom I got it. It's time for Teletubbies.
알았어. 텔레토비 하는 시간이구나.

Child Mom, I am excited!
엄마, 너무 신나요!

Mom You look very excited!
너 정말 신나 보인다!

Child I waited for it all day.
하루 종일 기다렸어요.

 엄마의 표현

아이가 신나 있을 때 엄마의 응원 한마디를 선물해주세요. "너 정말 신나 보인다." "You look so excited!" 아이가 더 흥이 나겠지요?

텔레토비동산에 전화벨이 울려요!

The phone rings in Teletubbyland!

The phone rings in Teletubbyland!
Wow! It is the Tubby Phone!
Dipsy answers the phone.
"Dipsy, It's time for your Tubby Phone dance."
Dipsy loves Tubby Phone Dance!

텔레토비동산에 전화벨이 울려요!
와우! 토비폰이에요.
딥시(뚜비)가 전화를 받아요.
"딥시(뚜비), 네가 토비폰 춤을 출 시간이야."
딥시(뚜비)는 토비폰 춤을 정말 좋아해요!

Can you answer the phone?

전화 좀 받아줄래?

Child	Let me show you the Tubby Phone Dance. 토비폰 춤을 보여줄게요.
Mom	Wow! It's a funny dance. 와! 재미있는 춤이구나.
Child	Yeah, I love this dance. 맞아요, 난 이 춤을 좋아해요.
Mom	Oh, The phone rings. 오, 전화벨이 울리네. Can you answer the phone? 전화를 받아줄래?

 엄마의 표현

현관 초인종이나 전화를 받을 때 answer(응답하다)로 표현해요. 아이에게 영어로 작은 심부름을 부탁해보세요. "현관문을 좀 열어줄래?" "Can you answer the bell?"

보라색은 멋져! 그렇죠?

Purple is a great color, isn't it?

Purple is a great color, isn't it?
Yeah, I love purple!
Tinky Winky is purple!
Green is a beautiful color, isn't it?
Yes, it's a great color.
Dipsy is green!

보라색은 멋진 색이야, 그렇지?
맞아요. 나는 보라색이 정말 좋아요.
팅키윙키(보라돌이)는 보라색이에요.
초록은 멋진 색이야, 그렇지?
맞아, 그건 멋진 색이에요.
딥시(뚜비)는 초록색이에요.

What is your favorite color?
제일 좋아하는 색이 뭐지?

Mom	Let's go shopping, sweetie. 애야, 같이 쇼핑 가자.
Child	Yay! I want to have a new shirt. 야호! 새 셔츠를 갖고 싶어요.
Mom	Okay, Let's buy a new one. 좋아, 새것 하나 사자. By the way, what is your favorite color? 그런데 넌 무슨 색을 가장 좋아하니?
Child	It's purple. I want to have a purple shirt. 보라색이요. 보라색 셔츠를 갖고 싶어요.

 엄마의 표현

쇼핑을 가거나 물건을 살 때, 아이의 선택을 영어로 물어보세요.
"어떤 게 더 맘에 드니?" "Which one do you like better?"

숨바꼭질
하고 싶은 사람?

Who wants to play Hide and Seek?

Who wants to play Hide and Seek?
Me! Me!
Are you ready? Let's hide.
Po counts from ten to one.
Ten…nine…eight!
Dipsy, I'm coming to find you!

숨바꼭질 하고 싶은 사람?
저요! 저요!
준비되었어? 우리 숨자.
뽀가 열부터 일까지 카운트 다운해요.
열, 아홉, 여덟…
딥시(뚜비), 찾으러 간다!

Mom played Hide and Seek.
엄마도 술래잡기를 했었어.

Child   I played Hide and Seek today.
오늘 숨바꼭질 했어요.

Mom   With whom did you play?
누구랑 했는데?

Child   I played with Tinky Winky and Laa-Laa.
팅키윙키(보라돌이)랑 나나랑 했어요.

Tinky Winky was 'it'!
팅키윙키(보라돌이)가 술래였어요.

Mom   Mom played Hide and Seek as a child, like you.
엄마도 꼬마였을 때 술래잡기를 했었어, 너처럼.

- it : 그것, 술래(=tagger)
  예) Who is it? 누가 술래지?

 엄마의 표현

엄마도 어린 시절이 있었다는 걸 아이와 추억해보세요. "엄마랑 숨바꼭질 할까? 내가 먼저 술래할게." "Let's play Hide and Seek. I'll be 'it' first."

내가 좋아하는 물건이에요!

It's my favorite thing!

The Teletubbies have their favorite things!
Tinky Winky's favorite thing is the red bag.
Dipsy's favorite thing is the black and white hat.
Laa-Laa's favorite thing is the orange ball.
Po's favorite thing is the scooter.
"It's my favorite thing!"

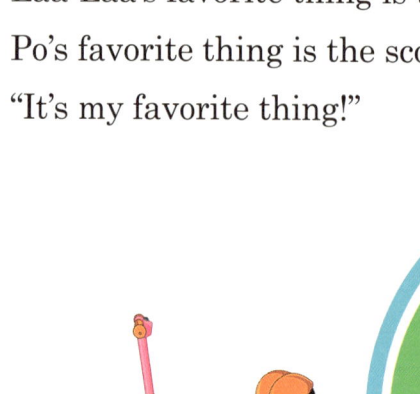

텔레토비가 좋아하는 물건들이에요.
팅키윙키(보라돌이)가 좋아하는 것은 빨간 가방이에요.
딥시(뚜비)가 좋아하는 것은 점박이 모자예요.
나나가 좋아하는 것은 오렌지 공이에요.
뽀가 좋아하는 것은 스쿠터에요.
"내가 좋아하는 물건이에요!"

What is your favorite thing?
네가 가장 좋아하는 물건은 무엇이니?

Child　　Mom, There are many things at the toy store.
엄마, 장난감 가게에 많을 물건이 있어요.

Mom　　What is your favorite thing?
가장 좋아하는 물건은 무엇이니?

Child　　My favorite thing is the big red ball.
내가 가장 좋아하는 물건은 커다란 빨간 공이에요.

Mom　　Oh, you like the big red ball.
오! 커다란 빨간 공을 좋아하는구나.

Laa-Laa likes the orange ball, doesn't she?
나나는 오렌지 볼을 좋아하지, 그렇지?

 엄마의 표현

아이가 즐거워할 때 엄마도 행복하죠? 영어로도 아이와 함께 표현해보세요. "재미있었어?" "Did you have fun?" "예! 장난감 가게에서 정말 즐거웠어요." "Yeah! I really enjoyed the toy store."

우리는
비눗방울 파티 중!

We are at a bubble party.

We are at a bubble party.
Teletubbies, ready?
Wow, bubbles!
Look at all the colors!
Yellow, Green, Red and Gold!
There are lots of bubbles!

우리는 비눗방울 파티 중!
텔레토비들, 준비됐나요?
와, 비눗방울이다!
색깔들을 보아요!
노랑색, 녹색, 빨강색 그리고 금색!
비눗방울들이 많이 있어요!

I like blowing bubbles, too.
엄마도 비눗방울 부는 거 좋아해.

Child　　Wow! You can blow bubbles!
　　　　와우! 엄마 비눗방울 잘 만드네요!

Mom　　I like blowing bubbles, too.
　　　　엄마도 비눗방을 부는 거 좋아해.

Child　　Can you blow a big bubble?
　　　　큰 비눗방울도 만들 수 있어요?

Mom　　Sure. I can make a big, big bubble.
　　　　물론이지. 엄마는 아주 아주 크게 비눗방울을 만들 수 있지.

 엄마의 표현

비눗방울 놀이는 주방세제를 갖고 쉽게 할 수 있어요. 아이에게 신나게 외쳐보세요. "우리 비누방울을 만들자." "Let's make bubbles!"

빨간 풍선이 있어요!
There are red balloons!

There are red balloons!
Po and Laa-Laa are playing
with red balloons.
Wow! Red balloons!
Po is holding the red balloon.
Laa-Laa loses the balloon and
it flies to the sky!

빨간 풍선이 있어요.
뽀와 나나가 빨간 풍선을
가지고 놀고 있어요.
와우! 빨간 풍선들!
뽀는 빨간 풍선을 쥐고 있어요
나나는 풍선을 놓치고, 풍선은
하늘로 날아가요!

How many red balloons would you like?
빨간 풍선을 몇 개 더 갖고 싶니?

Child   Can I buy more balloons please?
풍선 더 사도 돼요?

Mom   You already have five balloons. Don't you?
너 이미 다섯 개나 있어. 그렇지?

Child   Yes, but I'd like to have red balloons, too.
네, 그런데 빨간 풍선도 갖고 싶어요.

Red is my favorite color.
빨간색은 제가 좋아하는 색이에요.

Mom   Okay.
How many red balloons would you like?
좋아. 빨간 풍선을 몇 개 더 갖고 싶니?

Child   I'd like to have two please.
두 개요!

 엄마의 표현

아이가 뭔가를 원할 때 엄마도 행복하죠? 영어로 "몇 개를 원하니?"라고 물어보세요. 예를 들면 "How many books do you want?" "책을 몇 권 갖고 싶니?"라는 뜻이에요.

난
춤추는 게 좋아요

I love dancing.

I love dancing.
Going round and round.
We dance with the Teletubbies.
Dipsy loves dancing too!
We can wiggle.
I like dancing so much!

• wiggle : 꿈틀꿈틀 움직이다.

나는 춤추는 게 좋아요.
빙글빙글 돌아요.
우리는 텔레토비랑 춤춰요.
딥시(뚜비)도 춤추는 걸 좋아해요.
우리는 꿈틀꿈틀 춤출 수 있어요.
난 춤추는 게 정말 좋아요!

엄마랑 아이랑
Talk! Talk!

You really like dancing with the Teletubbies!

텔레토비랑 춤추는 걸 정말 좋아하는구나!

Child Mom, Time for the Tubby Phone Dance!
엄마, 토비폰 춤을 출 시간이에요.

Mom What is that?
그게 뭐지?

Child Let me show you.
제가 보여줄게요.

Mom Oh! It's a funny dance.
오! 정말 재미있는 춤이네.

Child Mom, I love dancing with the Teletubbies.
엄마, 난 텔레토비랑 춤추는 게 정말 좋아요.

Mom You really like dancing with the Teletubbies!
텔레토비랑 춤추는 걸 좋아하는구나!

 엄마의 표현

아이의 넘치는 에너지는 어디에서 나올까요? 가끔은 아이와 춤을 춰봐요.
"토비폰 춤을 추자!" "Let's do the Tubby Phone Dance!"

그래서
누누가 청소했어요!

So Noo-Noo cleaned up!

I painted with the Teletubbies today.
We made some pictures with paint.
We made a lot of mess.
So the Noo-Noo cleaned up!
The Teletubbies love the Noo-Noo.

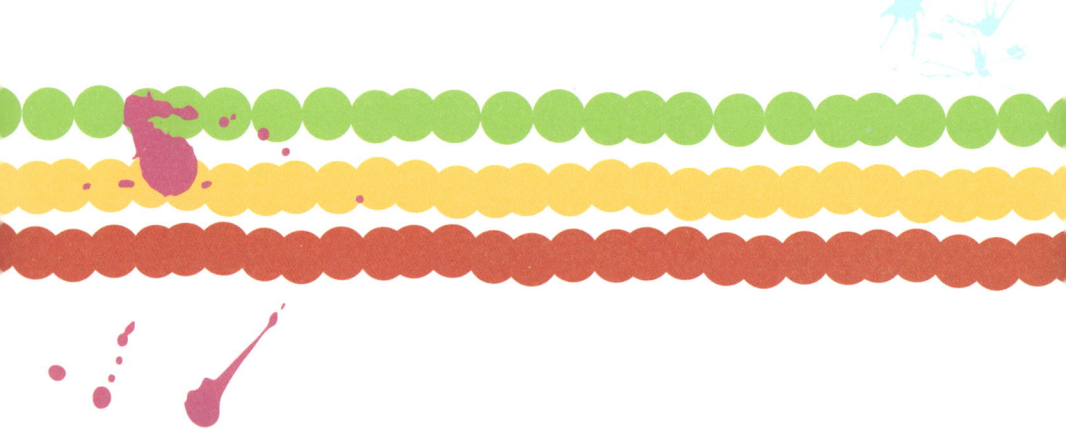

오늘 텔레토비와 그림을 그렸어요.
우리는 물감으로 그림을 그렸죠.
많이 어질렀어요.
그래서 누누가 청소했어요!
텔레토비는 누누를 사랑해요.

Oh! Your room is messy.
Shall we clean up the mess together?

오! 방이 지저분하네.
우리 같이 청소할까?

Child
: Can I play with paints?
물감 가지고 놀아도 돼요?

Mom
: Sure. What do you want to do?
물론이지. 뭐 하고 싶은데?

Child
: Handprints! I'll make a flower garden.
핸드프린트! 꽃밭을 만들 거예요.

Mom
: Oh! You are making a flower garden with handprints!
오! 핸드프린트로 꽃밭을 만드는구나.

Child
: It's done!
다 했어요!

Mom
: It looks great. Oh! Your room is messy. Shall we clean up the mess together?
멋진데. 저런! 방이 어질러졌어. 우리 같이 청소할까?

엄마의 표현

아이가 놀이로 방을 어질렀을 때 "엄마랑 같이 치울까?"라고 말하며 아이와 함께 청소하는 것도 좋은 교육과 놀이가 돼요. "같이 치우자." "Let's clean up the room."

Chapter 5

Teletubbies

하늘, 바람, 비,
자연 속에서 무럭무럭 자라요!

뽀가 꽃밭에
물을 줍니다

Po is watering a flower garden!

Po is watering a flower garden!
Po fills up the watering can.
It's getting empty.
It's nearly empty!
Our flowers will grow well.

뽀가 꽃밭에 물을 줍니다.
뽀는 물뿌리개를 가득 채워요.
물뿌리개가 비워지고 있어요.
물뿌리개가 거의 비워졌어요!
우리 꽃들은 잘 자랄 거예요.

• watering can : 물뿌리개

The Teletubbies are watering our flower garden!

텔레토비가 우리 꽃밭에 물을 주네!

Child Mom, Our flowers look thirsty.
엄마, 꽃들이 목말라 보여요.

Mom Yeah, They do. Why don't you water them?
그렇네. 네가 물을 줄래?

Child Okay! Can I water them with the Teletubbies?
좋아요! 텔레토비랑 함께 물을 줘도 될까요?

Mom Oh, I see. You can to bring your favorite Teletubby.
오, 알았다. 네가 좋아하는 텔레토비를 데려오려고 하는구나.

The Teletubbies are watering our flower garden!
텔레토비들이 우리 꽃밭에 물을 주고 있네!

• water : 물을 주다.

 엄마의 표현

아이와 화초에 물뿌리개로 물을 줄 때가 있죠? 아이에게 도움을 요청해보세요. "먼저 물뿌리개에 물을 채우자, 엄마 도와줄래?" Let's fill our watering can first. Can you help me?"

물웅덩이에서 뛰기는
정말 재미있어요!

Jumping in puddles is so fun!

Look out the window. It's raining!
Let's play in the rain.
I jumped in puddles with the Teletubbies.
The Teletubbies love dancing in puddles.
Jumping in puddles is so fun!
Splash Splash!

창밖을 봐요. 비가 와요!
빗속에서 같이 놀아요.
난 텔레토비와 물웅덩이에서 뛰었어요.
텔레토비는 물웅덩이에서 춤추는 걸 좋아해요.
물웅덩이에서 뛰기는 너무 재미있어요!
첨벙첨벙!

• put on~ : ~을 입다.

Take your umbrella in case it rains.

비가 올지 모르니까 우산을 가져가렴.

Child Mom, Can I play with Po in the playground?
엄마, 뽀랑 운동장에서 놀아도 돼요?

Mom Yes, You can.
응, 그러렴.

Child Mom, It's very cloudy.
엄마, 날씨가 흐려요.

Mom Take your umbrella in case it rains.
비가 올지도 모르니깐 우산을 가져가렴.

• in case~ : ~할 경우를 대비해서

 엄마의 표현

어릴 적 비를 맞으며 놀아본 기억이 있으시죠? 우비와 장화를 보면 빗속에서 첨벙첨벙 장난을 치고 싶은 기분이 듭니다. "비가 올지 모르니 우산을 가져가렴" "Take your umbrella in case it rains."

우리는 토비 커스터드 기차를 타요

We're going on the Tubby Custard Ride

We're going on the Tubby Custard Ride.
The Tubby Custard Ride is about to begin.
How exciting.
Choo Choo! Are you ready?
Go!

우리는 토비 커스터드 기차를 탈 거예요.
토비 커스터드 탑승을 곧 시작해요.
흥미진진하고 신나요.
추추! 준비되었나요?
출발!

Let's go ride a train!
It is going to be fun!

기차 타러 가자! 재미있을 거야.

Child	**Mom, Are you ready?** 엄마, 준비 다 되었어요?
Mom	**Wait for a second.** 잠시만 기다려.
Child	**Mom, Are you done?** 엄마, 다 되었어요?
Mom	**Yeah, I am ready!** 응, 준비완료!
Child	**Wow! We are going to ride a train!** 와! 기차 타러 가요!
Mom	**Let's go ride a train! It is going to be fun!** 기차를 타러 가자! 재미있을 거야!

 엄마의 표현

아이에게 여행이나 기차 등 기대감을 줄 때 영어로는 "재미있을 거야!" "It is going to be fun!"라고 해요.

새들은 날아요!
The birds are flying!

The birds are flying!
They have big wings.
Po is flying, too!
Po has the red scooter, her favorite thing.
Look! Po is flying on her scooter.
Po looks so excited!

새들은 날아요!
그들은 큰 날개를 가지고 있어요.
뽀도 날고 있어요!
뽀가 가장 좋아하는 빨간 스쿠터를 가지고 있거든요.
보세요. 뽀가 스쿠터를 타고 날고 있어요!
뽀는 정말 신나있어요!

Oh, I see.
Po's favorite thing is her scooter.

오! 그렇구나.
뽀가 가장 좋아하는 물건이 스쿠터구나.

Child I want to fly, too.
나도 날고 싶어요.

Mom What do you mean, sweetie?
무슨 말이니?

Child Po is flying on her scooter.
뽀가 스쿠터 타고 날고 있어요.

Mom Can she fly on it?
뽀가 그것 타고 날 수 있어?

Child Yes, She can. It's her favorite.
네, 그래요. 뽀가 가장 좋아하는 거에요.

Mom Oh, I see. Po's favorite thing is her scooter.
오, 그래. 뽀가 가장 좋아하는 것이 스쿠터구나.

엄마의 표현

아이가 말한 문장을 엄마가 되풀이해서 대답해주면, 아이와의 교감에도 도움이 되고 영어가 더 재미있어요. "오! 그렇구나." "Oh! I see." "어머, 그녀가 날 수 있니? 엄마는 몰랐네" "Oh, can she fly? I didn't know that."

텔레토비와
별을 봅니다
We watch stars with the Teletubbies.

We watch stars with the Teletubbies.
Twinkle, twinkle, little star.
It's Tinky Winky's star.
The little star twinkles.
How peaceful!

우리는 텔레토비와 별을 봐요.
반짝반짝 작은 별.
팅키윙키(보라돌이)의 별이에요.
반짝반짝 작은 별들.
정말 평화롭군요!

It's time to go to bed.
Sleep tight.

잠자러 갈 시간이야. 잘 자렴.

Child	Mom, look! There is a star in the sky. 엄마, 보세요. 하늘에 별이 있어요.
Mom	Yeah, that's Polaris. 그래, 저건 북극성이야.
Child	*Twinkle, twinkle, little star.* 반짝반짝 작은 별. *How I wonder what you are.* 난 네가 누군지 정말 궁금해. *Up above the world so high,* 세상 저 높은 곳에서, *Like a diamond in the sky.* 하늘의 다이아몬드처럼.
Mom	Wow, You can sing very well. 정말 노래 잘하네. It's time to go to bed, sweetie. Sleep tight. 이제 잘 시간이야. 잘 자렴.

 엄마의 표현

아이가 잠자리에 들 때, 영어로 인사해주세요. "잘 자고 좋은 꿈꾸렴." "Sleep tight and sweet dreams."

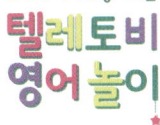

3~7세 아이가 좋아하는 텔레토비 영어 놀이

1판 1쇄 인쇄 2019년 1월 15일
1판 1쇄 발행 2019년 1월 25일

원작 텔레토비
글 Aran Kim

발행인 양원석
본부장 김순미
디자인 RHK 디자인팀 지현정, 김미선
해외저작권 황지현
제작 문태일
영업마케팅 최창규, 김용환, 양정길, 정주호, 이은혜, 조아라,
신우섭, 유가형, 임도진, 김유정, 정문희

펴낸 곳 ㈜알에이치코리아
주소 서울시 금천구 가산디지털2로 53, 20층 (가산동, 한라시그마밸리)
편집문의 02-6443-8842　　**구입문의** 02-6443-8838
홈페이지 http://rhk.co.kr　　**등록** 2004년 1월 15일 제2-3726호

ISBN 978-89-255-6559-0 (73740)

※ 이 책은 ㈜알에이치코리아가 저작권자와의 계약에 따라 발행한 것이므로
　본사의 서면 허락 없이는 어떠한 형태나 수단으로도 이 책의 내용을 이용하지 못합니다.
※ 잘못된 책은 구입하신 서점에서 바꾸어 드립니다.
※ 책값은 뒤표지에 있습니다.